Yeppa Part IX
The Final

We say Yes to Yeppa

Authors / Cover / Pictures:

Dirk L. & Tanja M. Feiler

Contents:

The Profile of the Authors

Меня зовут Таня М. Feiler трудотерапии и автор, женатый на автора Дирк Л. Feiler. Под моим именем Таня М. Feiler и Мел Феллер я опубликовал книги. Мой муж и я вместе опубликовано более 70 книг. Под псевдонимом Мэл Феллер я в середине 2013 - начале 2014 на реальных событиях трилогии "туман из ниоткуда," из четырех частей книги стихов "STANTE Pede" со своими иллюстрациями и рассказы "плохо с домашним животным" - реальная Малая проза - опубликован. Под моим настоящим именем: "Поэзия есть препарат" - Тексты и фото - на английском языке, "Приключения Китти" - Картинки, стихи и рассказы для детей и "Ю книга", книга с картинками с текстами и текстами. Просмотреть все II книги доступны в виде книги и книги.

В 2007 году я опубликовал «туман в Exist ничего" / правдивая история, действие играет на неприкосновенность частной жизни в США - Редакция превратился в 3-партер "туман из ниоткуда".

Почему имя поэзии "в срочном порядке"? Поскольку взаимодействие должно быть со знаменитостями так! Как и в Dark Summer 2013 был отправлен из-за рубежа и одновременно встретил Уильяма, немедленная помощь для пары из-за рубежа и сегодня имеет Вильгельма день рождения. Плохой Pet - Флэш-фантастические рассказы, люди разных национальностей, которые имеют только одного: музыки определенной полосе, конечно, основаны на реальных фоне. После "туман нигде части Ⅲ" был выпущен, я узнал, что фронтмен группы в октябре будут опубликованы 2013 лирика, и вдруг я вспомнил, что у меня есть паром блог со стихами (2006 - написано в 2008 году), частично на английском языке со своими графическими иллюстрациями и фотографий, которые вдохновили меня, результат был то, что первая часть "STANTE Pede - Подскажите отдых." Поэзия вызывает привыкание, поэтому последовал за рекордно короткое время оперативного

X, Часть 3 и объем закрытие: Гримуар investigare, выследить правду! Дети имеют право на правду и, стоя в детской книге "Приключения Китти". 2. картина вышла книга сегодня вечером Vintage - Фотографии в стиле ретро. Заключение "книги" серии Часть 3, "Final - Фантастика Pics" с центральным вопросом! С 17.11. 22 часов на YouTube слайд-шоу на книгах Дирк Л. Фейлера и Таня М. Фейлера (Mel Феллер)

https://www.youtube.com/
watch?v=x-
5tnNf7rNo&feature=youtu
be.de

11.18.2014 опубликовал книгу -
книгу: "Китти Приключения
Часть III" 19,11 "Китти
Приключения Часть III» - 16
книг .. Психологически.
Советник книга "4 милашки -
Подруги" является последней
работой. В начале декабря:
DLFV - книжное искусство
книга о графике, "андроиды -

Операции по жизни", последняя работа с 12/10. Текущие события в английском и немецкому изданию в качестве электронной книги: книга 20 Часть 2 Смерть Эрика Гарнер, книга 20, как книга книга по искусству с черно-белыми фотографиями. 23 книга под названием "сделать песню". Вместе с мужем (автор, издатель, создатель - Мы дети мира) мы опубликовали на 1,1. 2015 "Четыре за год" - в знак признания того или иного художника. "Частоты" также посвящен этой женщины, Книга 25 является новичком работы. На 15 1. Вторая часть была опубликована "Поэзия наркотиков" - английский Стихи, фотографии и многое другое. Мой муж опубликовал "глобальной реформы", - немецкий и английский Edition. Сегодня я опубликовал испанское издание рассказов "плохо Pet" - La Mala mascotas: La

Historias cortas (испанское издание) (испанский) Мягкая обложка - 16 января 2015 также вторая часть "Графика" - арт, живопись и тексты на арабском языке , "10 лет мы дети мира" был создан в честь 10-летнего юбилея первого работы моего мужа, Дирк Л. Фейлера: "Мы дети земли". "Мы дети Земли» Дирка Л. Фейлера теперь доступен на арабском и английском издании. Часть 2 старинных, часть 2 «4 милашки - подружки" и Часть 3 «4 милашки - Подруги Make -. До Коллекция Кроме того, работы сообщества последовало." Yeppa "и" ... и он монстр "(немецкий и английский вариант) Последние произведения "Лирика Mystic" и детская книга "Так isses".

Сообщество проекта Feiler & Feiler "Репортаж из прошлого» (английский и арабский издание), "Х имеют его в них" (рассказы). Pictorials: CollectionXX, MixcollectionXX (+ часть2). Детская книжная серия "Так isses" Часть II - Доклад дневник Дирк Л. Фейлера на арабском и английской версии "- III, английский, немецкий издание," Yeppa Часть II "- сообщество работает с Дирком Л. Фейлера -" ... потому что это так " из прошлого ". Новое издание трилогии романов, написанных под моим псевдонимом "туман нигде" -

"Нью-туман нигде издание I - 3" и "Станте Pede I-4" с новым дизайном и изображений. Детская книжная серия "Так isses" теперь имеет 8 частей по случаю дня рождения Extra Edition, почти все детали имеются в наличии на английском и немецком языке. "Yeppa - Серия" - на английском языке в первую очередь и новой детской книжной серии "Нью-Yeppa для детей Часть I и II", на английском и на немецком языке. Все совместных производств Дирк Л. & Tanja M. FEILER.

Краткое описание

Краткий текст мне: Вы найдете, если вы хотите длинный текст про меня, просто остановитесь в моей книге! Обратите внимание, Дирк Feiler показывает в своей книге, как энергичного исследователя личности. Его опыт с психозом *aeuseren* образуют рамку и личные причины для его борьбы за экзистенциальной реализации, который открывается в своих попытках реконструкции внутренних и наружных миров в философских дорожек. Ассоциативная *Erzaehlstil* автора подходит для осветления когнитивные структуры читателя и привести это от их собственной реальности вне. Те, кто следуют этому пути имеет возможность начать понимать пограничные опытом человека, такие, как те, опыт в е-нер психоза. Помимо фактического содержания, это языково-формирование - и выражения Дирк Feiler, давая тексту сильный обаяние и увеличить ее влияние устойчивым. Глядя на книгу под литературной точки зрения, поэтому мы можем говорить о произведении искусства.

Roland Шмитт психолог, Masurenhof -. Социально-психологическая установка, Tiefthal

Издатель книги

Издатель этой книги, он здесь должен быть вызван правильно, потому что эта книга хотел переместить другие издателя, издатель, а именно БПК, который принес эту книгу, не оставить комментарий об этой книге.

Следующий комментарий, следовательно, только один из многих комментариях об этой книге и не от "" Издательство: Эта работа может быть прочитан как медицинский протокол. Сам автор, который видит смысл этой работы, особенно в рабочей деятельности прошлого опыта, которые обрамлены абстрактный - наводит на мысль, но захватывающий и касаясь мир вокруг него. Больные и здоровые люди, среди прочего, многочисленные ссылки на философии и правила жизни практических идей в жизнь. Книга делает мужество. Literareon, Мюнхен.

Автор Комментарий

Эту книгу я писал, потому что я "следовать" "специальные" проблемы. В настоящее время, к сожалению, до сих пор так, что люди с психическими заболеваниями с людьми путать, кто умственно отсталых, это для людей, страдающих психическими заболеваниями, часто только для людей, которые испытали расширение сознания, добавил часто наркотиков, но в в большинстве случаев из-за плохой социальной ситуации в детстве. Многие из них также увеличилось в области эзотерической и поэтому "болен". Но это они сделали из собственных интересов и потому, что они ищут смысл жизни и о Боге, как и все мы, некоторые люди делают это просто более интенсивно, чем другие. Далай-лама открыто в средствах массовой информации, что он слышит голоса. По его мнению, это вполне нормально для него это вполне нормально, что когда-то он идет на день в царстве мертвых, чтобы поговорить с ними. Для меня, это тоже нормально сегодня. Только в самом начале, когда она начала слышать голоса, я был очень удивлен. Я не мог понять, как кто-то может услышать мои мысли и что я слушаю давно умерли. Взгляните на время в современном мире существуют тысячи таких отчетов. Где проблема? Я могу сказать, для себя и другие говорят, что тоже прекрасный человек и не больное животное. Кроме того, мой мозг не имеет никаких повреждений или что-нибудь еще болен к моему телу, у меня есть только расширенное сознание, и я слышу голоса, потому что у меня уши, как и вы. Там нет ничего необычного. Что страшного, если я голос, который секретный номер из моих клиентов карта называется, если я забыл их или предупредить меня, как автомобиль идет, я буду, потому что у меня есть это восприятие, работая в мастерской для инвалидов? Нет, Спасибо. Не для меня.

Ноябрь 2014: Моя жена моя самая большая поклонница, она прочитала рукопись в 2000 году и распространяется, особенно там, где она работала в то время, в соз Psych означает ... Все их слушателей "что надо" читать его. Теперь это уже не освободиться от письменной форме. Моя жена имеет в общей сложности письменное период с июля 2013 года и ноябре 2014 15 книг, доступных на международном уровне и в качестве электронной книги. Под ее псевдонимом Мэл Феллер и тока под своим настоящим именем. Ваше Autorenportrait: http://www.amazon.de/Mel-Feller/e/B00JAWTG11 и http://www.amazon.de/Tanja-M.-Feiler/e/B00PH1J6PM/ref=ntt_dp_epwbk_0

В июне 2013 года кто-то из-за рубежа послал меня по

электронной почте с просьбой о помощи, его жена, и, наконец, люди, которые сделали работу перед ним, да, речь идет о Барак Обама, Мишель Обама, Билл Клинтон ... За ним последовали многочисленные письма, я, конечно, помогли. Электронной переписки описана в книгах мою жену. Моя жена получает через своих обязательств, в последнее время, Mail, Мишель Обама говорит, что она гордится своей женой.

Обо мне: "Вы сердцем и душой OFA". Я потратил много времени в этой работе, но моя жена и я ученые - гуманисты, объективность очень важна для нас. Здоровое количество расстояния должны быть, чтобы сконцентрироваться на своей работе. Я восстановил свой доменов, являюсь партнером и помощником организаций, работающих для человека, в конце концов, моя жена и я, конечно, никогда не потеряли нашу основную детский сад проекта из виду. Июнь 2013 был период, когда я встречался с некоторыми "звезд", моя жена дружит с Кэндис Swanepoel.

Gallery

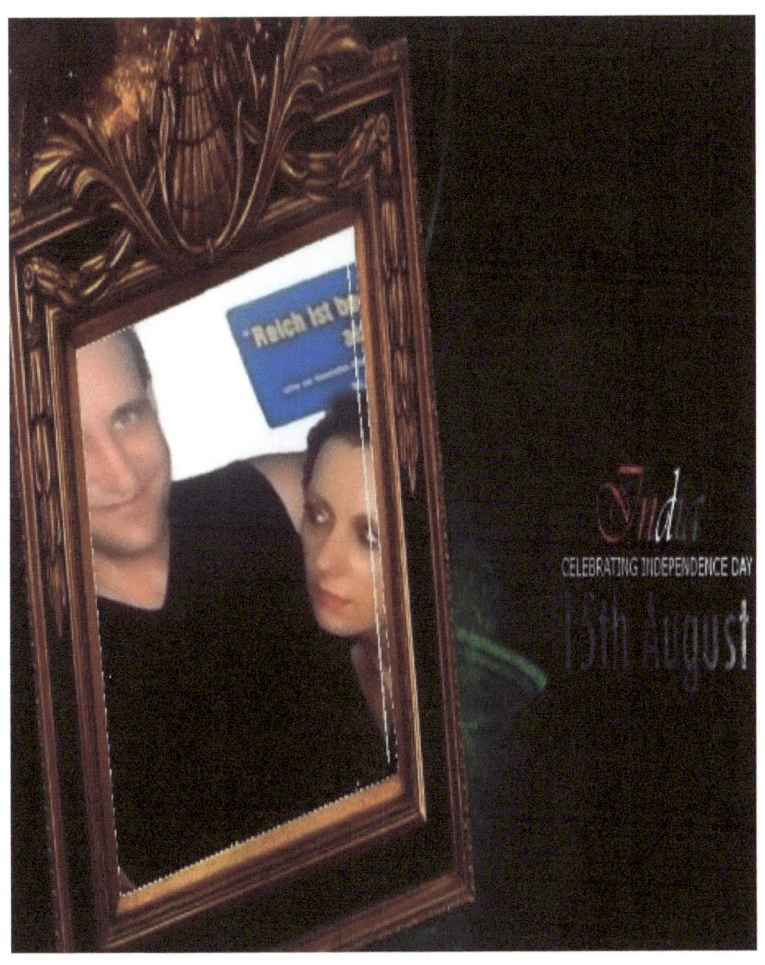

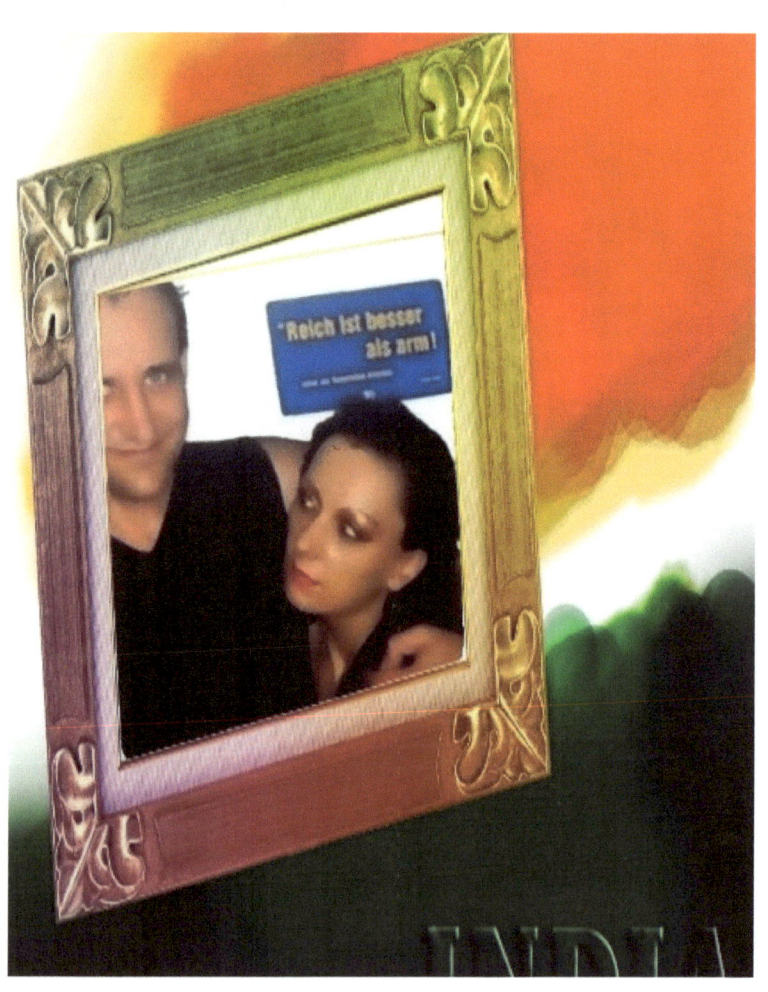

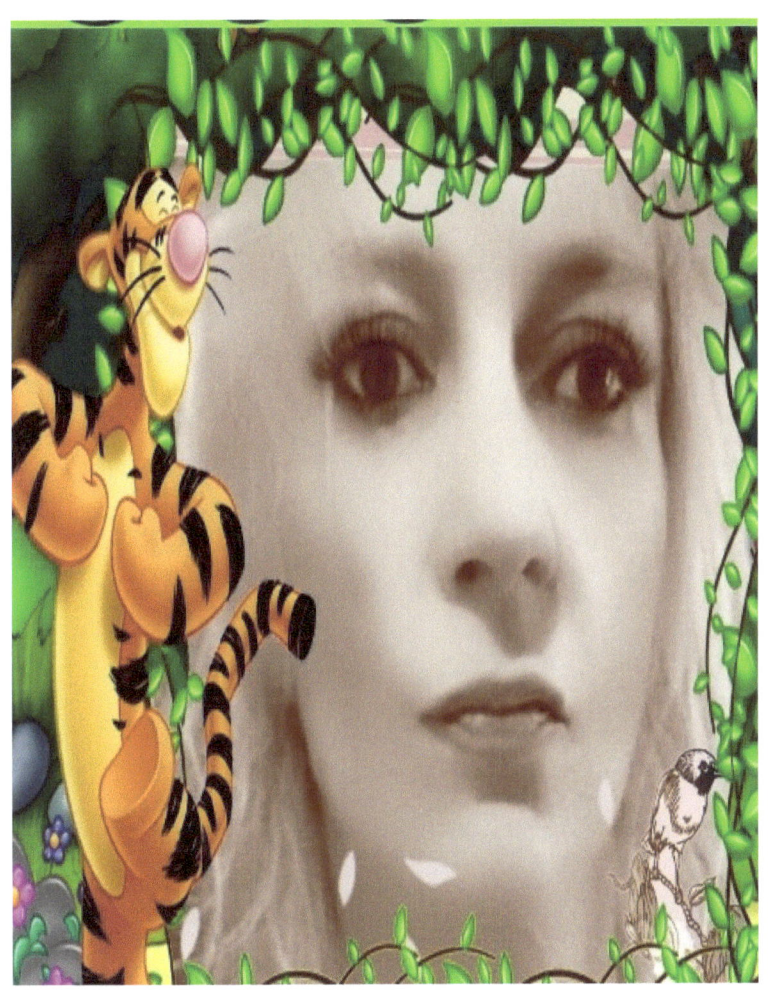

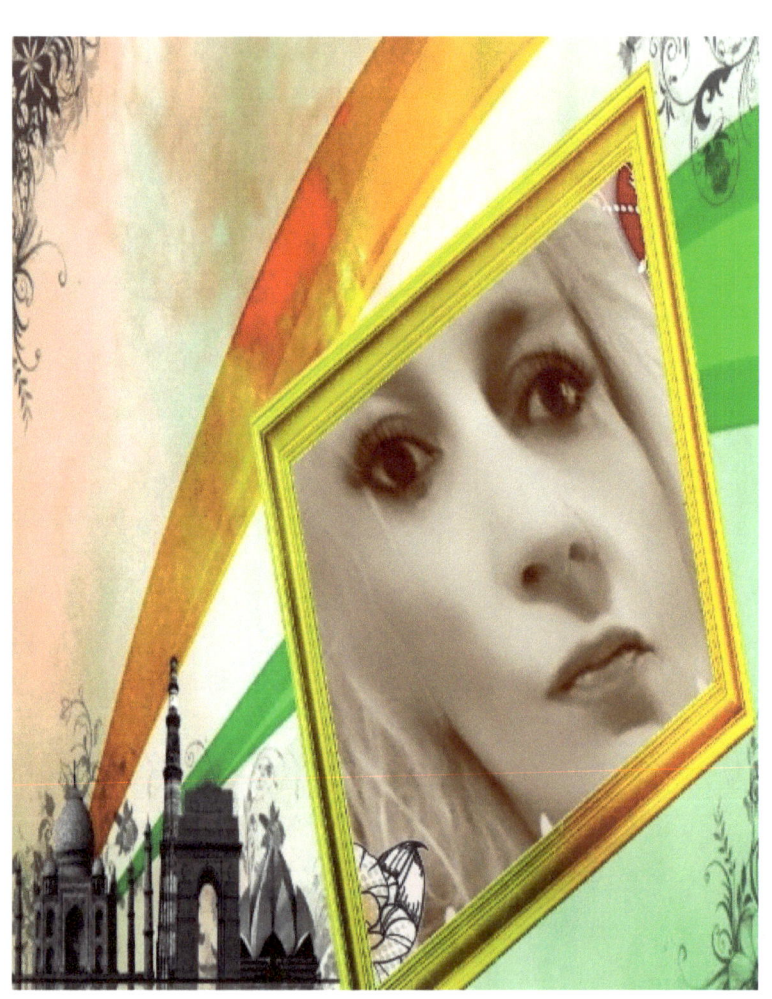

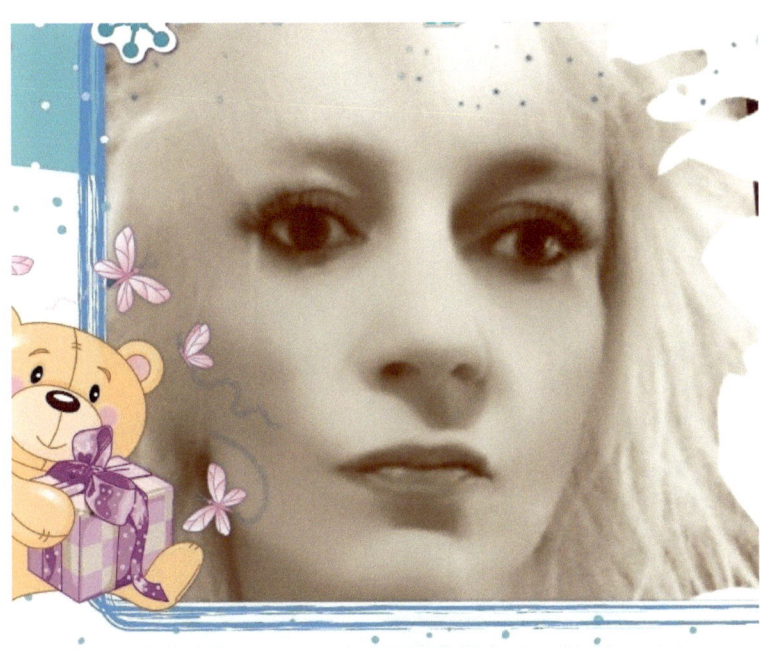

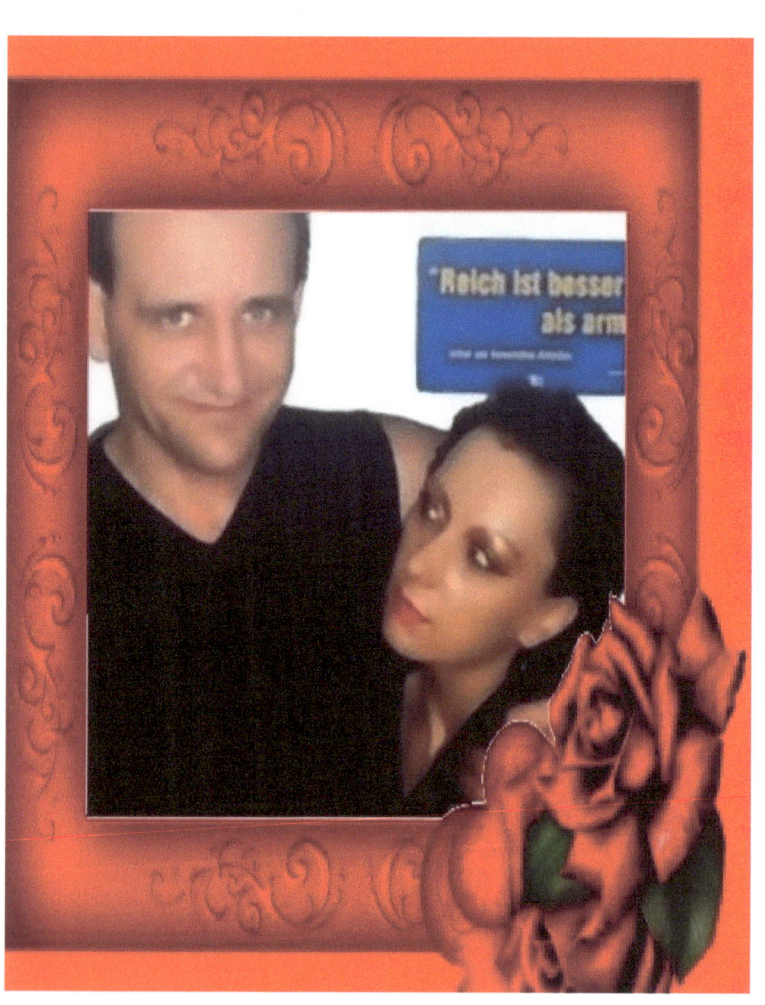

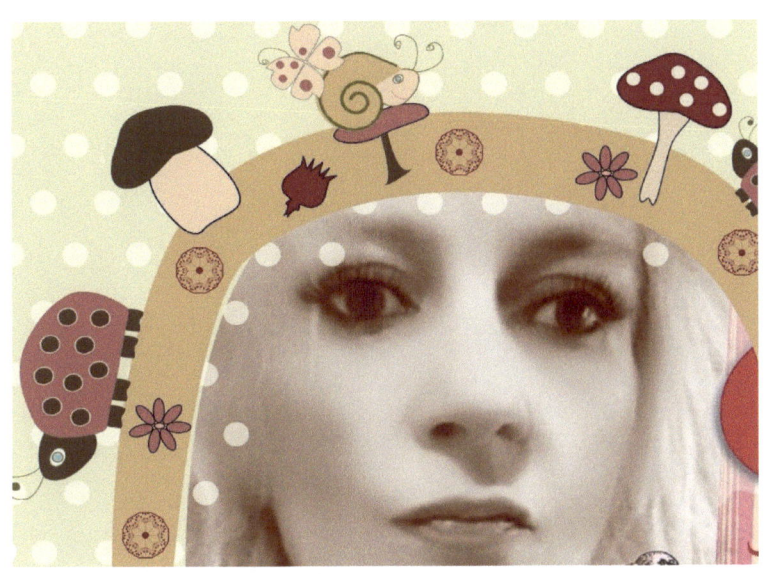

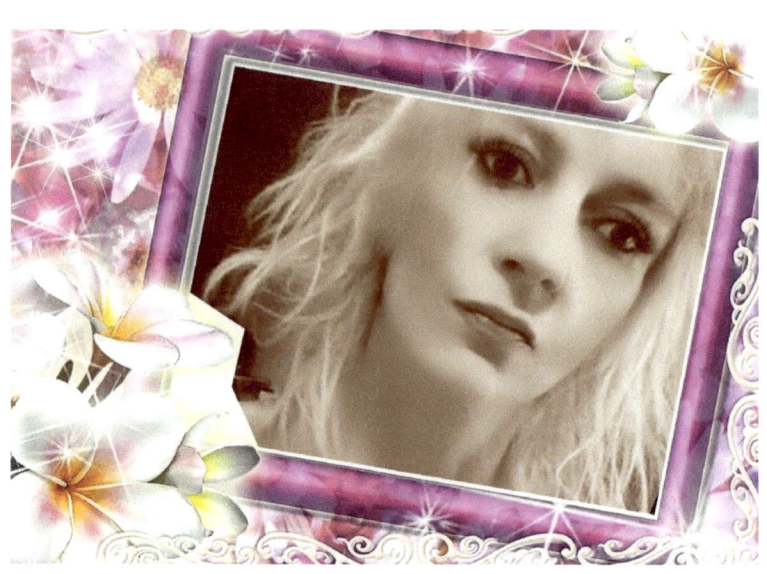

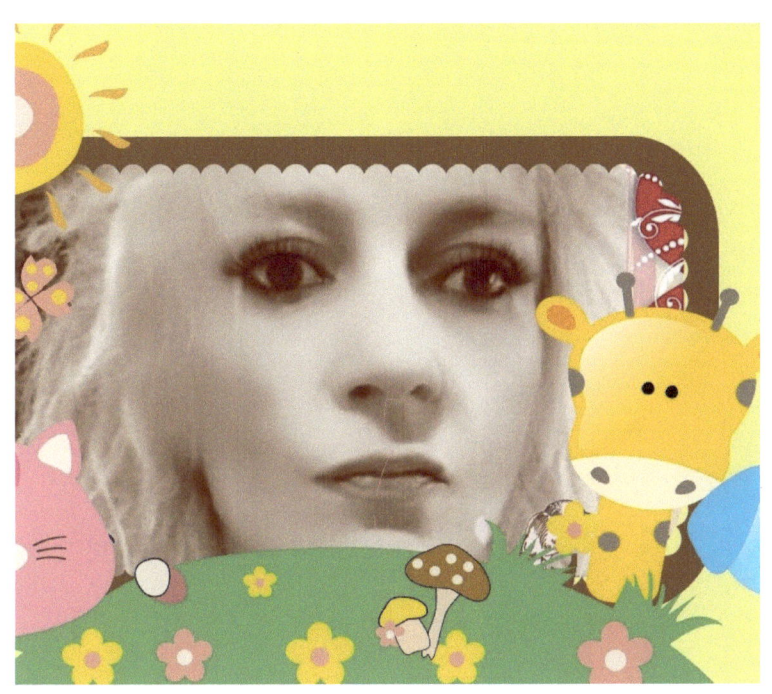

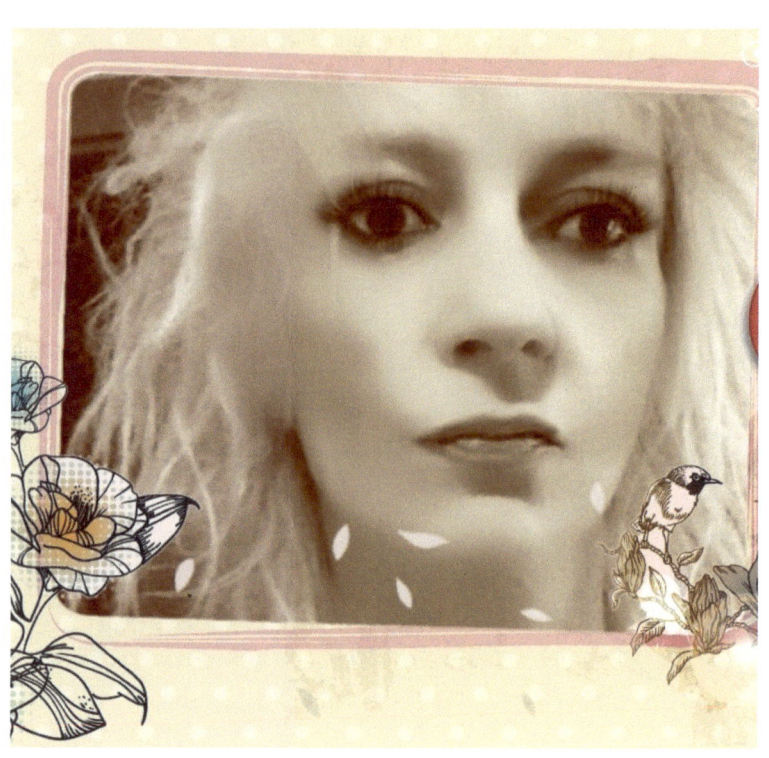

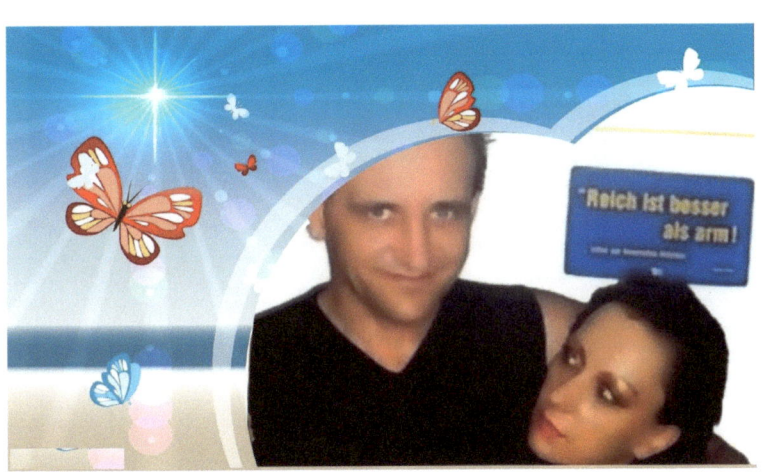

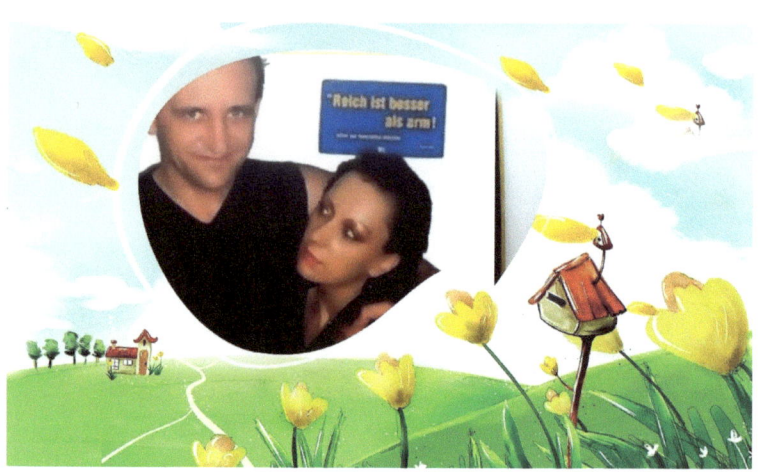

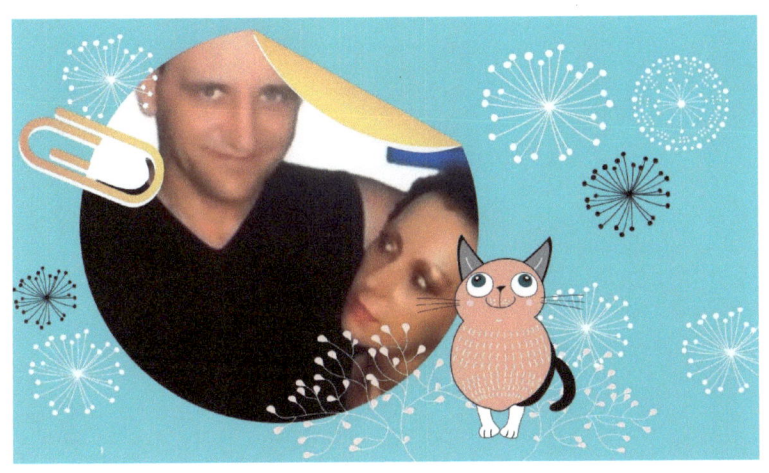

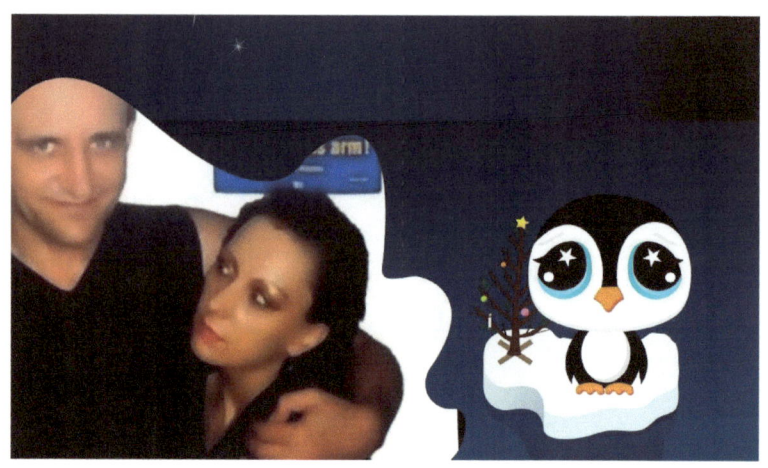

The Yeppa and Yeppa for
Kids

we will miss

the last part today

Yeppa will not stay

the Yeppa Song

sing all time long

And now....

We say YES to Yeppa

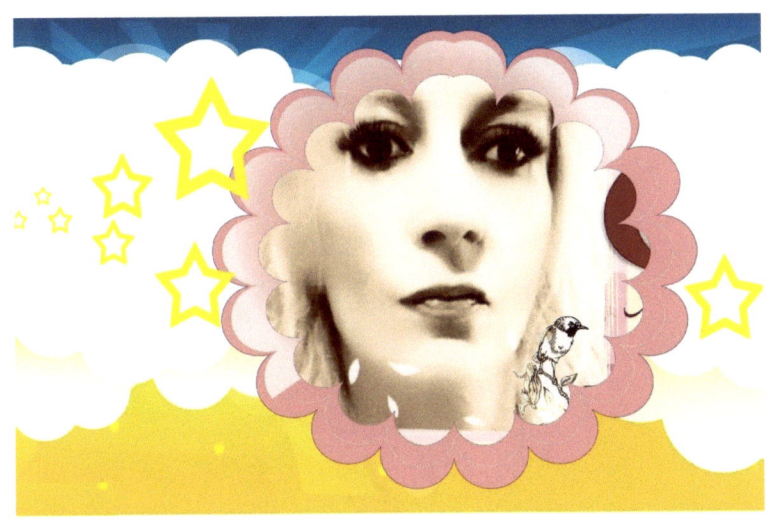

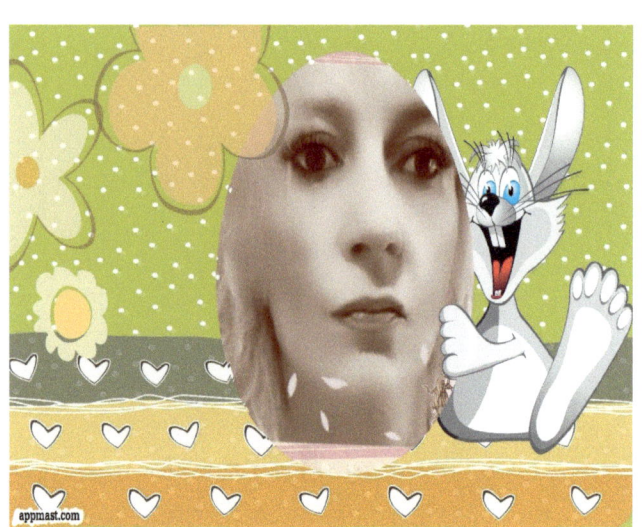

www.ingramcontent.com/pod-product-compliance
Lightning Source LLC
Chambersburg PA
CBHW040921180526
45159CB00002BA/564